LE MANOIR DE KERBROC'H

von

Léo Koesten

Ernst Klett Verlag
Stuttgart · Leipzig

Table des matières

Liebe Schülerinnen und Schüler,

le «Manoir de Kerbroc'h», was ist eigentlich ein *Manoir*? Ein schönes Gebäude, eine Art kleines Schloss mit Park. Und Kerbroc'h? Ein geheimnisvoller Ort mit bretonischem Akzent ...
Die Geschichte erzählt von einer neu zusammengesetzten Familie, den Einfällen der Zwillinge, die das Zuhause ihrer Großeltern unbedingt retten wollen, vor dem Klimawandel und vor einem Geheimnis, das sich unter dem Kerbroc'h Schlösschen befindet ...

Ihr werdet feststellen, dass ihr die Geschichte leicht verstehen könnt, weil ihr alle Wörter schon gelernt habt. Werden einmal unbekannte Wörter verwendet, dann werden sie in einer Fußnote übersetzt.

Bonne lecture - viel Spaß bei der Lektüre!

Avant la lecture

1. La couverture

a. Regardez la couverture et décrivez-la.
Seht euch den Umschlag an und beschreibt ihn.

b. À votre avis, où se joue l'histoire?
Wo spielt eurer Meinung nach die Geschichte?

2. Dans le livre

a. Décrivez le dessin page 5. Est-ce qu'il vous fait peur? Pourquoi?
Beschreibt das Bild auf Seite 5. Macht es euch Angst? Warum?

b. Qui sont les personnages principaux de cette histoire? Regardez les dessins.
Wer sind die Hauptfiguren dieser Geschichte? Schaut euch die Bilder an.

1 La tempête

Fin janvier.

La plus grande tempête de tous les temps en Bretagne? Oui. Le vent souffle très, très fort. 150, 180 kilomètres par heure. Les vagues font plusieurs mètres de haut. Elles mangent le sable. Il n'y a plus de plage. Il n'y a plus de plage entre la mer et les murs du manoir de Kerbroc'h. Les vagues finissent leur course juste devant le bâtiment.

– J'ai peur, dit Catherine Morvan.

– Moi aussi, lui répond Sam, son mari. Tu as vu ce ciel? Tout noir. Il est onze heures du matin et il fait noir comme pendant la nuit.

– Cette tempête: une vraie catastrophe ...

4 **souffler** *(hier)* wehen – 5 **les vagues** *(f. pl.)* die Wellen – 6 **le sable** der Sand – 7 **le manoir** das Herrenhaus – 8 **la course** *(hier)* das Rennen

Il pleut comme jamais. Une pluie si forte que le parc devant le manoir devient la mer. Kerbroc'h: une île au milieu de l'eau.

– Trois tempêtes en un mois: on n'a jamais vu ça, dit Sam Morvan. Des tempêtes qui cassent nos murs, nos fenêtres, peut-être bientôt le toit. Où est-ce qu'on va trouver l'argent pour réparer tout ça?
– Je ne sais pas, répond sa femme.

Tout à coup, un grand bruit. Une pluie de bruits.
– C'est quoi, ce bruit? demande Catherine.
– Des ardoises, je pense. Des ardoises que le vent souffle contre la porte, contre les fenêtres.

Après quelques heures de tempête, le beau temps est de nouveau là. Le vent souffle encore, oui, mais beaucoup moins fort. Le ciel est bleu. Le mauvais temps est parti vers le nord de la France. Les Morvan sortent. Ils regardent leur manoir. Qu'est-ce qu'ils voient? Des arbres qui sont tombés sur le garage, trois bateaux dans le parc, des fenêtres cassées, des murs mangés par l'eau de mer. Ils ont envie de pleurer. Ils rentrent. On les appelle au téléphone.

– Allô mamie? dit Laura, sa petite-fille. J'ai lu sur mon smartphone: la tempête en Bretagne. Comment ça va? Pas trop de dégâts?
– Si. Beaucoup. Où est-ce qu'on va trouver l'argent pour tout réparer?

---

1 **un parc** *(hier)* die Gärten des Herrenhauses – 2 **devenir** werden – 2 **le milieu** die Mitte – 5 **casser** zerbrechen – 6 **le toit** das Dach – 11 **une ardoise** ein Schiefer – 20 **pleurer** weinen – 21 **la petite-fille** die Enkeltochter– 23 **le dégât** der Schaden

Silence.

Puis Enzo, le frère jumeau de Laura, dit au téléphone à sa grand-mère:

– On va vous aider. J'ai des idées pour trouver de l'argent, ici, à Grenoble, ou chez vous, à Kerbroc'h. Au mois d'août quand il y a beaucoup de touristes. Laura et moi, on veut passer nos vacances d'été en Bretagne. Enfin, si maman et son nouveau copain sont d'accord.
– Vous êtes des amours.

2 La discussion

Février.
– Moi, je n'ai pas envie de passer des vacances avec Laurent, dit Laura.
– Tout comme moi, dit Enzo. Il est sympa, cool, tout ce que tu veux. Mais je ne l'aime pas. Je ne sais pas pourquoi.
– Il est trop sympa, trop cool. Il veut nous séduire comme il a séduit maman.
– Voilà! C'est ça! Il joue au papa qu'il n'est pas, dit encore son frère.
– Il a déjà séduit maman. C'est bien assez comme ça!

Enzo et Laura. Laura et Enzo. Ils vont avoir quatorze ans. Leur anniversaire, c'est au mois d'août. Et au mois d'août, ils aimeraient être en Bretagne, au manoir de Kerbroc'h,

2 **le frère jumeau** der Zwillingsbruder – 9 **vous êtes des amours** ihr seid Schätze – 10 **la discussion** das Gespräch – 15 **séduire qn** jdn. verführen – 22 **ils aimeraient** sie möchten

chez leurs grands-parents. Si leur mère est d'accord. Mais ce n'est pas sûr. Enzo et Laura sont, vous le savez maintenant, frère et sœur. Ils sont nés le même jour, mais pas à la même heure. Laura est née quelques minutes avant son frère. C'est donc elle la «grande», et son frère, lui, le «petit» ... qui est bien plus grand en centimètres que sa sœur. Une différence de dix centimètres! Mais tout ça n'est pas important. Les jumeaux s'adorent. Ils sont toujours là pour aider l'autre, les autres. Un seul problème: Laurent, le nouvel ami de leur maman. Les jumeaux ne l'aiment pas trop. Laurent veut remplacer leur père. Mais c'est impossible, bien sûr. Enzo et Laura voient leur papa un week-end sur deux et la moitié des vacances. Lui, ils l'écoutent, mais Laurent ... pas trop!

– Tu sais ce qu'il m'a dit hier? demande Enzo.
– Qui ça? dit Laura.
– Lui. Laurent. «Pourquoi est-ce que tu ne lis jamais? Tu passes beaucoup de temps devant les écrans!» Je fais ce que je veux, non? Il est qui pour me dire ce que je dois faire?
– L'ami de maman. Et elle n'aime pas quand nous nous disputons avec lui.

Ce soir, c'est la «grande» discussion, LA discussion sur les vacances. Les jumeaux ont des projets pour le mois d'août, nous le savons. Laurent et Isa, Isa pour Isabelle, le prénom de leur maman, ont d'autres projets. Projet contre projet. Qui va écouter qui? Qui va gagner? Les parents? Les enfants? Bon. Une discussion difficile. Mais les jumeaux ont décidé de rester zen!

---

8 **s'adorer** sich gern haben – 11 **remplacer qn** jdn. ersetzen – 13 **un week-end sur deux** jedes zweite Wochenende – 21 **se disputer avec qn** sich mit jdm. streiten

– Enzo et moi, dit Laura à sa maman et à Laurent, nous voulons passer tout le mois d'août en Bretagne, chez papi et mamie.
– Avec papa, quoi! ajoute son frère.
– Tout le mois d'août? répond Laurent. Mais au mois d'août, nous avons envie de faire du camping. Votre maman et moi. Avec vous. Nous avons déjà téléphoné au camping «La Licorne» à Dunkerque. Il y a encore des places ...
– Beurk! Dunkerque, c'est dans le nord. Il fait froid à Dunkerque, l'été aussi, dit Enzo. Dunkerque, tout ça parce que tes parents habitent à côté du camping. Tu veux les voir, c'est tout!
– Normal, non? répond Laurent, pas zen du tout.
– Oui. Normal. Comme nous qui voulons voir papa et nos grands-parents.
– Moi, dit Isabelle, je ne peux pas prendre de vacances au mois d'août. Et puis, au mois d'août, il y a vos anniversaires. J'ai toujours été là pour vos anniversaires. J'ai envie de faire la fête avec mes jumeaux d'amour. Alors, qu'est-ce qu'on fait?
– On fête nos anniversaires au mois de juillet avec toi, maman, et en août, avec papa et nos grands-parents, en Bretagne. D'accord?

---

8 **la licorne** das Einhorn – 8 **Dunkerque** Dünkirchen, eine Stadt im Norden Frankreichs

3 Les projets

Mars.

Isa, Laurent et les jumeaux ont discuté longtemps, très longtemps. Tout le mois de février. Laurent a crié, la maman a pleuré, Enzo et Laura sont restés zen. Et puis, il y a eu un accord, avec une lettre écrite par Isabelle et signée par les deux ados:

1. Je m'engage[2] à ranger ma chambre tous les jours.

2. Je m'engage à mettre la table tous les jours.

3. Je m'engage à ne regarder les écrans, smartphone, jeux vidéo, réseaux sociaux, films et séries qu'une heure par jour (comme l'a aussi demandé votre père).

4. Je m'engage à laisser mon smartphone dans ma chambre pendant les repas.

5. Je m'engage à bien travailler les mathématiques (Enzo) et le français (Laura).

6. Je m'engage à promener[3] le chien lundi, mercredi et vendredi (Enzo) et mardi, jeudi et samedi (Laura).

7. L'année prochaine, je m'engage à passer les vacances du mois d'août avec maman et Laurent.

Enzo Laura

---

6 **signer qc** etw. unterschreiben – *in der Illustration:* 2 **s'engager** sich verpflichten – 3 **promener le chien** mit dem Hund Gassi gehen

La lettre signée, les jumeaux peuvent enfin penser au manoir de Kerbroc'h. Ils ont des idées pour gagner de l'argent. De l'argent pour quoi faire? Pour aider leurs grands-parents à réparer les dégâts de la tempête.

– Bon. On est d'accord, Laura: pour la fête du collège, on va faire des crêpes et les vendre.
– À quel prix? dit Laura.
– Je ne sais pas. Je vais demander à mamie.
– Demande-lui aussi sa recette. Les crêpes de mamie, sont ...
– ... super bonnes!! disent les jumeaux ensemble.
Enzo a appelé sa mamie. Maintenant, sa sœur et lui savent que douze crêpes vendues à la boulangerie près de Kerbroc'h coûtent six euros, donc cinquante centimes pour une crêpe. Les grands-parents savent maintenant comment leurs petits-enfants vont les aider. Mais avant de gagner de l'argent, Enzo et Laura vont apprendre la recette des super bonnes crêpes de mamie.

– Nos crêpes, dit Enzo, on va les appeler les «SB»: S comme super et B comme bretonnes, les «Super Bretonnes»! Comment tu trouves mon idée, petite sœur?
– D'abord, je ne suis pas ta «petite» sœur. Ensuite, je trouve l'idée super bonne.
– Avec du sucre, on pourrait les vendre, nos crêpes, trois euros.
– Tu oublies les crêpes au caramel au beurre salé, ajoute sa sœur. Ça, c'est encore mieux. Alors, on dit ... «CBS», pour Caramel-Beurre-Salé!!!

---

25 **le caramel au beurre salé** gesalzener Butterkaramell

– Oui! Oui! Six euros pour cette crêpe spéciale?
– Allez! Six euros pour la «Super CBS»! Bon. Maintenant, on écoute la recette de mamie. Je l'ai enregistrée sur mon smartphone. On l'écoute et on s'entraîne, d'accord?

– Alors, mes chéris, pour faire des crêpes, moi, j'utilise une crêpière. Est-ce que votre maman a ça? Si elle n'en a pas, prenez une poêle. J'en viens maintenant aux ingrédients. Pour faire une bonne pâte à crêpe, il vous faut des œufs, des jaunes d'œufs, du sucre, de la farine, du sel, du lait et du beurre. Vous pouvez ajouter un peu de vanille liquide: mmh, c'est super bon. Moi, j'adore ça. Ça va? Vous comprenez ce que je dis?!

– Mais qu'est-ce qu'elle pense de nous, mamie? On n'est pas bête! dit Enzo.
– Elle rigole! répond Laura. Elle se moque de nous, quoi. Bon. On écoute comment la recette continue?
– Allez! C'est parti!

– Mélangez les ingrédients. Remuez, remuez et remuez encore! Quand la pâte est lisse, toute lisse, dites-vous, mes jumeaux chéris, que vous êtes arrivés au but.

---

3 **s'entraîner** üben – 4 **un/e chéri/e** ein Schatz (Kosename) – 5 **la crêpière** ein Gerät, um Crêpes zu machen – 6 **une poêle** eine Pfanne – 7 **la pâte** *(hier)* der Teig – 14 **se moquer de qn** sich über jdn. lustig machen – 17 **remuer qn** etw. rühren – 18 **lisse** glatt

Versez un peu de pâte à crêpe dans la poêle et faites-la cuire une minute d'un côté, puis une minute de l'autre côté. Voilà, c'est tout! Et ... merci pour votre aide, Enzo et Laura.

Avril

Les jumeaux s'entraînent, s'entraînent. Au début, c'est difficile. Petit à petit, les crêpes sont bonnes, très bonnes. Les jumeaux sont prêts.

Mai

Enzo et Laura appellent leurs grands-parents.

– On a vendu 212 crêpes pour la fête de notre collège, dit Laura à son papi Sam.

– Un grand succès, dit le grand-père.

– Tu l'as dit, papi! continue Enzo. C'est vraiment super cool. On a gagné 812 euros. 812 euros! Je suis super content. Bon.

---

1 **verser qc dans qc** etw. in etw. schütten – 1 **cuire** *(hier)* backen – 5 **au début** am Anfang

Je sais. Ce n'est pas assez pour réparer tous les dégâts de la tempête. Mais c'est déjà ça, non?

– Oh! Oui, lui répond son grand-père. Comme dit votre mamie: «Vous êtes des amours!» Bon. Une info: hier, nous avons commencé les travaux. L'assurance nous a donné de l'argent. Mais le parc devant le manoir est un champ de ruines, c'est triste à regarder. Etc., etc. ...

– T'inquiète, papi! répond Laura. Nous avons encore beaucoup d'idées pour gagner de l'argent.

– Nous avons aussi des idées pour gagner de l'argent à Kerbroc'h, dit Enzo. D'ailleurs, les vacances, c'est dans un peu plus de deux mois. Je me réjouis.

– Votre mamie Catherine et moi aussi.

4 Juin / juillet

Depuis le mois de mars, il s'est passé plein de choses ... Résumé. Les jumeaux se sont engagés à ranger leur chambre tous les jours. L'ont-ils fait? Enzo, oui. Laura, bof! Ensuite, ils ont promis de mettre la table tous les jours. L'ont-ils fait? Oui, non. Parfois, ils ont oublié. Et les écrans? Ne les ont-ils regardés qu'une heure par jour? Oui. Trois fois oui. Normal: Enzo a beaucoup travaillé ses maths, donc il ne passe plus de temps sur le smartphone et autres écrans. Comme sa sœur qui a eu beaucoup de bons résultats en français. En plus, ils ont promené le chien le matin et le soir. Et puis, il y a eu la fête du collège où ils ont vendu beaucoup de crêpes. Et surtout, ils ont été super cool avec Laurent, ce qui a fait très plaisir à leur maman. Les jumeaux ont aussi gagné un

---

5 **l'assurance** *(f.)* die Versicherung – 6 **le champ de ruines** das Ruinenfeld – 11 **d'ailleurs** übrigens – 12 **se réjouir** sich freuen – 18 **promettre de faire qc** versprechen etw. zu tun – 26 **faire plaisir à qn** jdm. Freude bereiten

peu d'argent: Laura a aidé un enfant de huit ans à faire ses devoirs, Enzo a fait les courses pour une vieille dame.

Juin a passé. Juillet est venu. Et les anniversaires des jumeaux ... avec un mois d'avance.

Isa et Laurent ont été sympas. Ils ont donné de l'argent pour Kerbroc'h: Isa 100 euros et Laurent 150 euros. Les jumeaux ont été super contents, bien sûr. Ils ont beaucoup remercié les parents ... les parents qui leur ont offert des cadeaux: un abonnement à un journal de foot pour Enzo, une belle montre pour sa sœur. Enfin, après le très bon repas préparé par Laurent, la famille a chanté et dansé. Oui, un très beau moment. Ah! Et le dessert? Les jumeaux ont fait ... des crêpes.

– Mais c'est super bon, une vraie..., a dit Laurent.

– «Super CBS»!! ont dit les jumeaux.

Toute la famille a rigolé.

Et puis, enfin, est venu le jour du voyage vers la Bretagne, le jour des retrouvailles avec leur père et leurs grands-parents.

5 Le voyage

Le matin du 1er août.

Enzo et Laura sont dans le TGV; partis à 8h22 de Grenoble, ils doivent arriver à 15h30 à Guingamp. Ils sont heureux de retrouver leur père et leurs grands-parents. Eux, vont arriver à la gare en avance, comme toujours. Leur papa et ses parents ont toujours une demi-heure d'avance pour les attendre. À neuf heures, premier SMS d'Isa à ses jumeaux: «Tout va bien?» Réponse de Laura: «Oui, maman, t'inquiète!

---

4 **d'avance** im Voraus – 8 **remercier qn** jdm. danken – 8 **offrir qc à qn** jdm. etw. schenken – 10 **une montre** eine Armbanduhr – 18 **les retrouvailles** *(f. pl.)* das Wiedersehen

Nous ne sommes pas encore tombés du train!» Le temps passe. Les jumeaux jouent avec leurs smartphones, écrivent à leurs copains et copines. Parfois, ils regardent les paysages et ils discutent aussi.

– Je me demande ce qu'on va trouver à Kerbroc'h, dit Enzo.

– Oui, moi aussi, dit sa sœur. Mais je pense que le manoir est encore très beau, même après la tempête.

– Surtout avec les trois bateaux dans le parc. Tu sais, Laura, je suis sûr que ça peut intéresser les touristes. On organise des visites: «Un manoir breton après la tempête du siècle»! Cinq euros l'entrée. Comment tu trouves ça?

– Oh oui, c'est bien! On leur parle, aux touristes, de la montée des eaux, on leur montre les murs du manoir, mangés par l'eau de mer. Et puis, il y a les souterrains ...

– Ah! Oui, les souterrains ...

Mais voilà déjà le deuxième SMS d'Isa: «C'est bientôt l'heure de déjeuner, mes chéris. Les boissons sont dans le sac à dos d'Enzo, le pique-nique, c'est Laura qui l'a. Je vous aime.» Réponse d'Enzo: «Nous aussi, on t'aime, maman!» Les jumeaux commencent leur déjeuner. C'est alors qu'une vieille dame décide d'aller aux toilettes. Elle marche mal. Elle pose sa main sur les sièges. Le TGV freine brusquement. La vieille dame tombe. Les jumeaux quittent leur siège. Ils veulent aider la dame à se lever. Ils n'y arrivent pas. Enzo crie dans le wagon:

– Est-ce qu'il y a un médecin? La dame est tombée!

Personne ne répond. Alors il va chercher le chef de bord. Il arrive et dit quelques mots à la dame. Elle ne répond pas. Alors il fait une annonce dans le train: «Mesdames,

---

4 **le paysage** die Landschaft – 10 **le siècle** das Jahrhundert – 13 **la montée des eaux** der Wasseranstieg – 18 **le sac à dos** der Rucksack – 22 **un siège** ein Sitz – 22 **freiner** bremsen – 22 **brusquement** plötzlich – 24 **se lever** aufstehen/sich erheben – 26 **le médecin** der Arzt – 27 **le chef de bord** der Zugbegleiter – 29 **une annonce** *(hier)* eine Durchsage

Messieurs, s'il y a un médecin à bord, merci de venir dans le wagon 12.» Enfin, il appelle la gare de Lamballe, où le TGV doit s'arrêter dans un quart d'heure. Trois, quatre minutes passent. Pas de médecin à bord. Le TGV freine. Il arrive à la gare de Lamballe. Il s'arrête. Devant le wagon 12, les jumeaux voient des médecins. Ils montent dans le wagon, auscultent la vieille dame et la transportent jusqu'à une ambulance qui attend devant la gare. Le TGV quitte Lamballe avec trente minutes de retard.

Troisième SMS d'Isa: «Votre TGV a trente minutes de retard. Pourquoi? Papi et mamie s'inquiètent.» Oui, ils s'inquiètent. Ils posent des questions au chef de gare ... qui ne répond pas.

Le papa des jumeaux leur écrit alors un SMS: «Pourquoi ce retard? Avez-vous une idée?» Laura répond à sa mère, Enzo à son père: «Une dame est tombée dans le train. Les médecins sont venus la chercher à Lamballe. Elle est maintenant dans une ambulance. À tout de suite, bisous.»

7 **ausculter qn** jdn. untersuchen *(medizinisch)* – 11 **s'inquiéter** sich Sorgen machen

Le TGV continue sa route en direction de Guingamp. Plus que dix minutes. Les jumeaux se lèvent et prennent leurs sacs à dos. Enzo prend son smartphone. Laura, qui pense à autre chose, l'oublie ...

Les retrouvailles! Ah! Les retrouvailles: des bises et encore des bises, que des bises!!!

– Quel bonheur, dit la grand-mère.

– Tu as encore grandi, dit le père à son fils.

– Quelle belle jeune fille, dit le grand-père à Laura.

– Nous avons un gros chèque pour Kerbroc'h, dit Enzo.

– Vous êtes des amours, dit la mamie.

– Oh non, j'ai oublié mon smartphone dans le train!! dit Laura.

– Toi, tu oublies toujours tout. Heureusement que je suis là, petite sœur. Regarde ce que j'ai trouvé?!

– Oh! Mon téléphone! Merci, Enzo, tu es un super frère.

– Tu vois, tu as pu passer une heure sans envoyer de SMS à tes copines. Bravo Laura!!!

– Tu es gonflé, toi qui passes ton temps le nez collé sur l'écran de ton smartphone.

– Euh ...

---

7 **le bonheur** das Glück – 8 **grandir** wachsen – 10 **le chèque** der Scheck *(finanzielles Zahlungsmittel)* – 19 **être gonflé** unverschämt sein / frech sein – 19 **coller** kleben

6 Le constat

L'après-midi du 1er août.

Les jumeaux sortent de la voiture et courent vers la mer. Ils regardent le ciel: il est tout bleu. Le soleil, lui, chauffe le sable. Ils enlèvent leur t-shirt, puis leur pantalon, et entrent dans l'eau. Elle est super agréable! Ils nagent jusqu'à leur rocher préféré. De là, ils voient le manoir, *leur* manoir, toujours aussi beau, aussi fier. Ils voient aussi que les murs sont mangés par les vagues qui sont montées très haut. Enzo et Laura comprennent que des tempêtes, il va y en avoir de plus en plus souvent, et ça les rend tristes.

– On appelle ça le «dérèglement climatique», dit Laura.

– Oui. Ici, à Kerbroc'h, on voit les résultats.

– Triste constat, Enzo. Nous devons tout faire pour réparer les dégâts des tempêtes.

– Oui, petite sœur ...

– «Petite»! Arrête de m'appeler comme ça je te dis!!

Déjà, les jumeaux descendent de leur rocher préféré et nagent vite vers la plage de Kerbroc'h. Ils font la course. C'est que Laura veut se venger de son frère. Ils rigolent beaucoup. Soudain, ils s'arrêtent. Enzo dit:

– Grande sœur, à la rentrée, je vais m'engager, je ne sais pas où, pour faire quelque chose pour l'environnement, pour notre planète.

– Tu as raison.

– J'ai toujours raison!!!

---

1 **le constat** die Feststellung – 3 **courir** laufen / rennen – 4 **chauffer** wärmen – 5 **enlever** *(hier)* ausziehen – 6 **agréable** angenehm – 8 **fier** stolz – 10 **il va y en avoir de plus en plus** davon wird es immer mehr geben – 11 **rendre qn triste** jdn. traurig machen – 12 **le dérèglement climatique** der Klimawandel – 20 **se venger de qn** jdm. etw. heimzahlen – 21 **soudain** plötzlich – 25 **avoir raison** Recht haben

Et les voilà, les jumeaux, qui commencent à s'éclabousser comme «au bon vieux temps»!

Le soir, à table.

– Comment ça se passe avec Laurent? demande le père des jumeaux.

– Pas trop mal, papa, disent ensemble Enzo et Laura.

– Seulement «pas trop mal»? Qu'est-ce qui ne va pas?

– Rien, dit Enzo. Rien. Il fait trop de choses sympas. Il veut tout le temps nous faire plaisir. Il a besoin de notre amour. Il ne peut pas remplacer notre père. Voilà.

– Notre papa que nous ne voyons pas assez souvent, ajoute Laura.

La grand-mère sort son mouchoir, son mari regarde son assiette.

– Bon. Papa, toi qui travailles à la télé bretonne ... Nous, enfin je veux dire Kerbroc'h, a besoin de ton aide, dit Enzo.

– Oui, nous voulons organiser des visites du manoir sur le thème du dérèglement climatique, continue Laura.

– On a besoin de toi pour faire un reportage sur Kerbroc'h, continue Enzo. À cinq euros la visite, papi et mamie vont pouvoir rénover le manoir! Alors, papa?

– Euh ... il dit.

– «Euh», chez toi, papa, ça veut dire «oui», disent ensemble les jumeaux.

– Mais au mois d'août, je suis en vacances ... pour être avec vous, les jumeaux!

– Un reportage, ça prend un jour ou deux. Tu peux bien faire ça pour nous, pour tes parents et pour Kerbroc'h, non? demande Laura.

---

1 **éclabousser qn** jdn. bespritzen – 9 **avoir besoin de qc** etw. brauchen – 13 **le mouchoir** das Taschentuch

– Ben ...

– Donc c'est oui. Merci papa.

Ils ajoutent:

– Et puis, si mamie est d'accord, nous allons faire des crêpes. Pour les vendre, bien sûr. Vous voyez: nous sommes plein d'idées.

Tous rigolent avec bonheur.

– J'ai encore une idée, dit Enzo.

– ENCORE!!! disent leur père et leurs grands-parents ensemble.

– J'ai envie d'organiser des visites des souterrains du manoir ...

– Jamais, tu m'entends Enzo, jamais. Ils sont bien trop dangereux, dit le grand-père.

7 Le succès

Le 5 août.

Le reportage de Loïc Morvan a eu un grand succès. Les touristes sont venus nombreux. Combien le premier jour? 10? 50? 100? Plus? Oui, sûrement plus! Les Morvan, Enzo, Laura, Sam, Catherine et Loïc, n'ont pas eu le temps de les compter. Au programme des visites: des exposés sur le dérèglement climatique faits par les jumeaux, un exposé sur les tempêtes qui ont ravagé les côtes bretonnes fait par Loïc, des histoires sur Kerbroc'h racontées par papi Sam. Sans oublier, au menu, les crêpes faites par Catherine.

Le soir, à table.

– Un succès de ouf, disent les jumeaux.

– De «ouf» ...? Je ne comprends pas, dit Catherine.

– Oui. «Ouf», ça veut dire fou. Les jeunes parlent comme ça, maman, dit son fils.

– Alors, je peux dire que mes crêpes ont eu un succès de ouf!!

Toute la famille rigole.

– Qu'est-ce qu'on fait? demande Enzo. On fait ça tous les jours?

– C'est une bonne question, lui répond sa grand-mère. Après la journée que nous venons de vivre, je suis déjà très fatiguée.

– Avec l'assurance, le chèque des enfants et ce que nous venons de gagner, nous avons assez d'argent pour rénover le manoir, dit Sam. Le toit doit être consolidé parce qu'il y a beaucoup de tempêtes qui vont arriver. Mais comment protéger la plage et les murs du manoir? Je ne le sais pas ...

---

7 **un exposé** ein Referat – 9 **ravager qc** etw. verwüsten – 9 **la côte** die Küste – 23 **venir de faire qc** gerade etw. getan haben – **vivre qc** etw. erleben – 27 **consolider qc** etw. befestigen – 29 **protéger qc** etw. schützen

Le sable, lui répond Loïc, on peut l'acheter.
– Oui. Tu as raison.
– Vous voyez, les jumeaux, tout ça est bien plus intéressant que de passer sa vie devant les écrans ...
– Tu as raison, mon fils. La nature, le manoir, les vacances d'été, s'engager pour protéger l'environnement, ce sont des activités qui m'intéressent plus que des films où la violence cache le manque d'idées. Harry Potter et autres histoires ... bof! dit le grand-père.
– Bien dit, papa!
– On la connaît, votre chanson. C'est toujours la même chose. Vous dites toujours la même chose. Ce n'est pas sympa. Vous avez vu tout ce qu'on a fait pour le manoir de Kerbroc'h? Et puis, on n'a plus regardé de films depuis des mois. Tout ça pour vous aider, dit Enzo en colère.
– Les films et les séries que nous regardons, ajoute Laura, ne sont pas stupides. Loin de là. Eux, ils font rêver. Pas vous!
Les ados quittent le salon et montent dans leur chambre.
– Sam, Loïc, vous avez un peu exagéré, non? Vous avez vu tout ce qu'ils ont fait pour nous aider?, dit la grand-mère.

8 Les souterrains

Le 15 août.
C'est le jour de fermeture. Pas de touristes. Les vacances, quoi! Le temps est super beau, il fait chaud. Enzo et Laura passent leur temps dans la mer. Le bonheur.
– Depuis qu'on est à Kerbroc'h, il n'a pas plu, dit Laura.

---

8 **cacher qc** etw. verstecken – 8 **le manque de qc** der Mangel an etw. – 17 **loin de là** bei weitem nicht – 17 **rêver** träumen – 20 **exagérer** übertreiben – 24 **la fermeture** die Schließung

– Eh oui, répond Enzo, c'est un cliché quand on dit qu'en Bretagne, il pleut tout le temps!

Ils rigolent, nagent, s'éclaboussent, jouent au ballon. Une fois, dix fois, cent fois! Ils sortent enfin de l'eau et s'allongent sur la serviette qu'ils ont posée sur le sable. Ils ferment les yeux à cause du soleil. Aujourd'hui, c'est un grand jour pour eux: ils ont quatorze ans. Leur père et leurs grands-parents préparent un repas de fête. Tout à coup, le smartphone d'Enzo sonne:

– Allô maman?

– Je vous souhaite, mes chéris, une très belle journée d'anniversaire.

– Merci, maman.

– C'est maman qui nous souhaite un bon anniv, dit Enzo à sa sœur.

– Comment ça va, mes jumeaux?

– Cool. Super bien. Aujourd'hui, repos. C'est le jour de fermeture. Mais on s'éclate.

– Je suis un peu triste de ne pas être avec vous, mes chéris.

– L'année prochaine, maman.

– Oui. Laurent vous embrasse.

– C'est sympa. Embrasse-le pour nous.

Les jumeaux ne disent plus rien. Ils ne parlent pas. Ils sont bien. Ils sont heureux.

– Alors, c'est d'accord pour cette nuit, Laura?

– J'ai ..., elle lui répond, j'ai un peu peur, mais c'est d'accord.

Après le très bon repas d'anniversaire préparé par mamie, les grands-parents et le père donnent les cadeaux aux jumeaux. Que reçoit Laura? Son père lui offre un livre sur

---

5 **s'allonger** sich hinlegen – 17 **le repos** Die Erholung – 18 **s'éclater** Spaß haben – 29 **recevoir qc** etw. erhalten

l'environnement, mais son frère peut aussi le lire bien sûr. Et son frère? Qu'est-ce qu'il reçoit? Une trottinette de son papa et une marinière bleue de ses grands-parents. Il y a aussi une marinière pour Laura, elle est rouge. Ils sont tous heureux.

Et la nuit arrive. Tout le monde dort dans le manoir de Kerbroc'h. Tout le monde? Non. Pas les jumeaux. Enzo chuchote à l'oreille de sa sœur:

– On y va?

– J'ai un peu peur ... les souterrains, tu comprends ...

– T'inquiète, petite sœur, ton grand frère est là, avec toi ...

Et les jumeaux entrent dans les souterrains de la peur. Ils quittent leur chambre, descendent au rez-de-chaussée et

---

3 **une marinière** ein gestreiftes bretonisches Matrosenshirt – 8 **chuchoter** flüstern – 8 **l'oreille** *(f.)* das Ohr – 13 **le rez-de-chaussée** das Erdgeschoss

prennent la clé que leur grand-père a cachée dans le trou du mur, à l'entrée du manoir.

– Je vous interdis d'aller dans les souterrains. C'est bien trop dangereux, disent tout le temps leur père et leur grand-père.

Les jumeaux prennent la clé et descendent l'escalier qui mène à la porte des secrets ...

– On a encore le temps, Enzo, de rebrousser chemin. C'est peut-être vraiment dangereux, non?

Mais Enzo ne lui répond pas. Déjà, il ouvre la porte. Noir. Il allume la lampe de son smartphone. Il regarde le souterrain.
– Bizarre, les murs sont sains. Pas de traces de dégâts.
– J'ai peur, répond Laura.
Et puis, tout à coup, la porte du souterrain se ferme. Clac.
– T'inquiète, petite sœur. Ce n'est rien. Juste une porte qui se ferme. Et puis, j'ai la clé, non?
– Je sais bien, Enzo, que toi aussi, tu as peur.
– On continue, Laura?

Les jumeaux marchent, et marchent encore. Ils arrivent à une porte qui est fermée à clé. Enzo essaie de l'ouvrir avec la même clé de l'entrée du souterrain. Bingo. Ça marche. Il l'ouvre. Une salle. Très grande. Il y a une lampe. Il l'allume. Stupeur.

---

1 **la clé** der Schlüssel – 1 **le trou** das Loch – 3 **interdire qc à qn** jdm. etw. verbieten – 7 **mener à ...** zu ... führen – 8 **rebrousser chemin** umkehren – 13 **sain** *(hier)* rein / in gutem Zustand – 13 **pas de traces de ...** keine Spur von ... – 24 **la stupeur** die Verblüffung

9 La collection

Le 16 août.

Oui, stupeur! Les jumeaux découvrent des figurines, des collections de livres, des DVD, des affiches, des t-shirts, etc., etc. En résumé, une collection sur Harry Potter et son monde!

– Tu le crois, toi, Enzo?

– Euh ... dit son frère. Ça lui a fait un choc.

– Tu l'as dit! Une vraie, gigantesque collection sur le petit sorcier.

Enzo commence à rigoler, c'est difficile d'arrêter. Puis il dit:

– Eux, papi et papa, qui nous reprochent de passer trop de temps avec Harry! Je ne crois pas ce que je vois!

---

3 **la figurine** die Statuette – 5 **en résumé** *(hier)* kurzgefasst – 9 **gigantesque** gigantisch – 10 **le sorcier** der Zauberer – 12 **reprocher qc à qn** jdm. etw. vorwerfen

– C'est ouf tout ce qu'ils nous ont caché! dit Laura.

– Mais pourquoi tous ces secrets, se demande Enzo. Tu as une idée, toi?

– Des parents qui ont une passion pour un sorcier, ça fait tache, non? C'est la honte parce qu'ils ne sont plus des enfants mais qu'ils adorent ces histoires!

Les jumeaux rigolent à n'en plus pouvoir.

– C'est tard, maintenant. Plus de minuit. Il faut partir, dit Laura.

Les ados retournent vers la porte d'entrée. Ils essaient de l'ouvrir. Mais ça ne marche pas. Ils ne peuvent pas sortir du souterrain. Encore une blague du petit sorcier? Enzo appelle son père. Il ne répond pas. Il appelle alors sa grand-mère qui, elle, répond.

– Qu'est-ce qui se passe, elle lui demande, inquiète.

– Euh ...

– Pas de problèmes, j'espère? elle dit.

– Euh, non. On est dans le souterrain. La porte est fermée à clé. On a vu la collection de papa et de papi!!! C'est ouf, ça!

– Tu l'as dit, mon chéri, ton grand-père et ton papa, des adultes qui ont honte d'être restés des enfants ... Bon. Je viens vous ouvrir.

10 Épilogue

Un an plus tard.

Juillet.

Les jumeaux passent leurs vacances à Kerbroc'h. Le manoir est maintenant tout beau. Il n'y a plus de traces des

---

4 **faire tache** *(hier)* nicht passen – 5 **C'est la honte** das ist peinlich – 7 **rigoler à n'en plus pouvoir** sich kaputt lachen – 23 **l'épilogue** *(m.)* das Schlusswort

tempêtes de l'année dernière. Les grands-parents Morvan ont laissé les trois bateaux au milieu du parc. C'est pour les visites. Oui, parce que les visites continuent ... Avec l'aide de la ville, ils ont mis des tonnes de sable sur la plage pour freiner la montée des eaux quand il y a des tempêtes. Et ... et quoi? Les touristes peuvent aussi voir «la plus grande collection du monde», comme dit papi Sam, sur le petit sorcier, Harry Potter.

15 août.
Qu'est-ce qui se passe, le 15 août? C'est l'anniversaire des jumeaux. Ils ont maintenant quinze ans. Et où sont-ils en ce 15 août? À Dunkerque. Ils sont là avec leurs parents et Laurent. L'ami de leur maman est super content parce qu'il peut voir ses parents tous les jours. Isa est super contente parce que ses enfants sont avec elle pour la fête d'anniversaire. Là, ils mangent le dessert, un gâteau. Il a une forme bizarre, ce gâteau surprise, non?

Pendant la lecture

Chapitre 1 – La tempête

1. Racontez les conséquences de la tempête.

Erzählt, was die Konsequenzen des Sturms sind.

2. Qui sont les personnages du premier chapitre?

Wer sind die Figuren des ersten Kapitels?

3. Écrivez tous les mots qui parlent de la tempête. Exemple: le vent.

Schreibt alle Wörter auf, die zu einem Sturm gehören. Z.B.: der Wind.

la tempête

Chapitre 2 – La discussion

1. Faites un schéma avec tous les personnages. Quelles relations ont-ils? Exemple: Laura est la sœur de ...

Macht ein Schema mit den Figuren. Welche Beziehungen haben sie miteinander? Z.B.: Laura ist die Schwester von ...

2. Vrai ou faux? Corrigez les phrases fausses.

Richtig oder falsch? Korrigiert die falschen Sätze.

	vrai	faux
Les jumeaux veulent passer le mois d'août avec leur mère.		
Isa a dit à son fils: «Tu ne lis jamais.»		
Enzo et Laura veulent aider leurs grands-parents.		
Le grand-père des jumeaux dit: «Vous êtes des amours!»		
Laurent a de la famille à Grenoble.		
Dunkerque est dans le nord de la France.		

3. Trouvez les mots du chapitre.
Findet die Wörter des Kapitels.

a) _re_ag_ _
b) r _ m _ _ _ c _ r
c) _nn_v _ _ s _ _ _ e
d) i_ _ o _ _ i _ le
e) c_ _ _ _ _ g
f) séd_ _ _ _
g) va_ _ _ c _ s

Chapitre 3 – Les projets

1.a. Dans la lettre, à quoi Enzo et Laura s'engagent-ils?
Commencez comme ça: Enzo et Laura s'engagent à ...
Wozu verpflichten sich Enzo und Laura im Brief?

1.b. À quoi est-ce que vous vous engagez chez vous? Vous pouvez ajouter des choses à la liste des jumeaux.
Commencez comme ça: Je m'engage à ...
Wozu verpflichtet ihr euch zuhause? Ihr könnt die Liste der Zwillinge ergänzen.

2. Combien coûte une crêpe en Bretagne?
Wie viel kostet eine Crêpe in der Bretagne?

3. Quels sont les ingrédients pour faire des crêpes?
Nommez-en quatre.
Welche Zutaten braucht man, um Crêpes zuzubereiten? Nennt vier.

Chapitre 4 – Juin / juillet

1. Corrigez les fautes.
Korrigiert die Fehler.

Les jumeaux se sont engagés à ne pas ranger leur chambre tous les jours. L'ont-ils fait? Enzo, oui. Laura, bof! Ils ont promis de faire les courses tous les jours. L'ont-ils fait? Oui, non. Parfois, ils ont oublié. Et les écrans? Ne les ont-ils regardés que trois heures par jour? Oui. Trois fois oui. Normal: Enzo n'a pas beaucoup travaillé ses maths, donc beaucoup de temps pour les smartphones et autres écrans. Comme sa sœur qui n'a pas eu de bonnes notes en français.

2. C'est quoi, une «Super CBS»?
Was ist eine «Super CBS»?

Chapitre 5 – Le voyage

1. Mettez les phrases du chapitre 5 dans le bon ordre.

Bringt die Sätze vom Kapitel 5 wieder in die richtige Reihenfolge.

a) Mais voilà déjà le deuxième SMS d'Isa.
b) Enzo et Laura sont dans le TGV; partis à 8h22 de Grenoble, ils doivent arriver à 15h30 à Guingamp.
c) Les jumeaux commencent leur déjeuner.
d) Elle marche mal. Elle pose sa main sur les sièges. Le TGV freine brusquement.
e) – Oui, moi aussi, dit sa sœur.
f) Troisième SMS d'Isa.
g) – Je me demande ce qu'on va trouver à Kerbroc'h, dit Enzo.
h) Les retrouvailles! Ah! Les retrouvailles, des bises et encore des bises, que des bises!!!
i) La vieille dame tombe. Les jumeaux quittent leur siège. Ils veulent aider la dame à se lever.

→ Le bon ordre:

2. Les retrouvailles

Complétez avec les mots suivants. Un mot est en trop.

Ergänzt mit folgenden Wörtern. Ein Wort bleibt übrig.

grandir – un chèque – se lever – jeune fille – le bonheur

– Quand on est heureux: ____________________.
– Le contraire de devenir petit: ____________________.
– Le contraire de vieux et de garçon: une ____________________.
– C'est de l'argent sur du papier: ____________________.

Chapitre 6 – Le constat

1. Mettez les verbes du présent au passé composé.

Setzt die Verben des Präsens in das Passé composé.

Les jumeaux sortent de la voiture et courent vers la mer.
Ils regardent le ciel: il est tout bleu. Le soleil chauffe le sable.
Ils enlèvent leur t-shirt, puis leur pantalon, et entrent dans l'eau.
Ils nagent jusqu'à leur rocher préféré. De là, ils voient le manoir, il a des dégâts. Enzo et Laura comprennent que des tempêtes, il y en a de plus en plus souvent, et ça les rend tristes.

2. Remettez les lettres dans le bon ordre et trouvez les mots.
Ordnet die Buchstaben so ein, dass ihr die Wörter findet.
relémdèegnt – iuvtroe – sahoprmnte – trisuoaern

3. Et vous? Que faites-vous (à la maison, à l'école ...) contre le dérèglement climatique?
Tut ihr etwas gegen den Klimawandel? Wenn ja, was?

Chapitre 7 – Le succès

1. Traduisez. *Übersetzt.*
a) Un succès de «ouf».
b) Le sable, on peut l'acheter.
c) Nous avons de quoi rénover le manoir.

2. Qui pense quoi?
Zu wem könnten folgende Gedanken passen?

J'ai envie d'aller au lit.

Ils ne sont pas sympas avec nous!

Je suis d'accord avec toi, papa.

Mais comment on va faire?

Chapitre 8 – Les souterrains

1. Trouvez les mots qui correspondent à l'anniversaire de Laura et Enzo.

Findet die Wörter, die zu Lauras und Enzos Geburtstag passen.

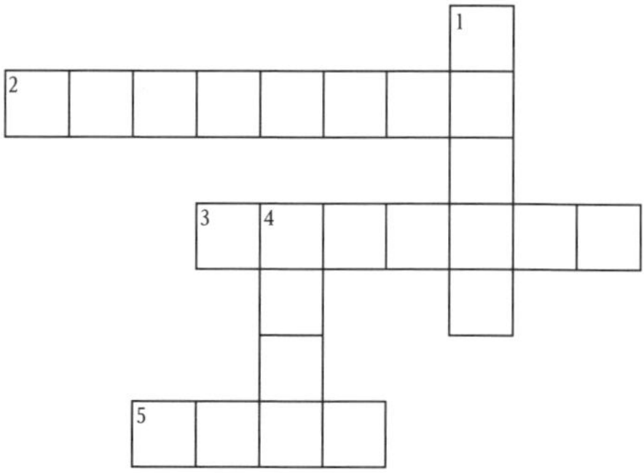

Horizontal

2. Les jumeaux ont ... ans.
3. Les jumeaux reçoivent des ...
5. Un anniversaire, c'est une ...

Vertical

1. Leur père et leurs grands-parents préparent un ...
4. L'anniversaire des jumeaux est en ...

2. Vrai ou faux?

	vrai	faux
1. Les jumeaux peuvent aller dans les souterrains sans avoir de problèmes avec leurs grands-parents.		
2. Ce n'est pas un cliché de dire qu'il pleut tout le temps en Bretagne.		
3. Laura a peur d'aller dans les souterrains.		
4. Le jour de l'anniversaire est le jour de fermeture.		
5. Les jumeaux passent leur journée d'anniversaire avec leur père à la plage.		

Chapitre 9 – La collection

1. Que découvrent les jumeaux dans la pièce qu'ils ont ouverte?
Was finden die Zwillinge im Raum, den sie entdeckt haben?

2. Pourquoi est-ce qu'ils ne peuvent pas sortir du souterrain?
Warum können sie nicht aus den unterirdischen Gängen herauskommen?

3. Est-ce que vous comprenez la peur de Laura?
Versteht ihr, warum Laura Angst hat?

4. Qu'est-ce que vous auriez envie de découvrir dans cette pièce? Commencez comme ça: J'aimerais trouver ...
Was würdet ihr gerne in diesem Raum entdecken?

Chapitre 10 – Épilogue

1. Où est-ce que les jumeaux passent leurs vacances?
Wo verbringen die Zwillinge ihre Sommerferien?

2. Comment est le manoir un an après la grande tempête?
Wie sieht das Herrenhaus ein Jahr nach dem großen Sturm aus?

3. Est-ce qu'il y a encore des visiteurs à Kerbroc'h? Que peuvent-ils voir?
Gibt es noch Besucher in Kerbroc'h? Was können sie sehen?

Après la lecture

1. Médiation

Expliquez en allemand à vos camarades de classe et à vos parents les activités qu'on peut faire à Kerbroc'h. Vous aimeriez aller en Bretagne? Pourquoi?

Erzählt euren Klassenkamaraden und Eltern, welche Aktivitäten man in Kerbroc'h machen kann. Würdet ihr gerne in die Bretagne gehen? Warum?

2. Projet

Préparez avec vos camarades de classe un exposé sur le dérèglement climatique et ses conséquences sur Kerbroc'h.

Bereitet mit euren Klassenkamaraden ein Referat zum Klimawandel und die Konsequenzen auf Kerbroc'h vor.

3. La fin

Est-ce qu'il n'y a qu'une seule fin possible? Imaginez une autre fin!

Gibt es nur ein mögliches Ende? Denkt euch ein weiteres Ende aus!